Ein Kind ist geboren...

Nach einer alten Weihnachtslegende erzählt und illustriert von Jindra Čapek

bohem press

Vor vielen Jahren wanderten drei wundersame Gestalten durch den tiefen Schnee. Es war eine sternenklare Nacht und das Land lag erstarrt unter einer dicken Schneedecke.

Die drei Fremden klopften bei einer kleinen Hütte an. Der Hirtensohn Jorim öffnete ihnen. Freudig bat er sie herein ans wärmende Feuer.

Sie stärkten sich an dem einfachen Mahl und begannen zu erzählen: «Wir sind drei Sterngucker und kommen von weit her. Sonderbares hat uns ein Stern kundgetan: ein Kind ist geboren, das die Welt durch Liebe verändern wird; Not, Angst, Ungerechtigkeit und Einsamkeit von den Menschen nehmen wird. Der Stern zeigt es deutlich und führt uns. Der Weg ist lang und mühsam, aber wir wollen den neuen König begrüßen.»

Früh am nächsten Morgen verabschiedeten sich die drei, der Stern führte sie weiter. Jorim blieb zurück, tief beeindruckt von allem, was er gehört hatte. Ein Kind, das die Welt verändern wird? Die Welt wird durch Liebe regiert werden? Viele Fragen schwirrten durch seinen Kopf, und in seinem Herzen wuchs der Wunsch, sich auf den Weg zu machen: «Auch ich muß dieses Kind begrüßen. Der Stern zeigt auch mir den Weg.»

Sogleich eilte er ins Dorf und erzählte von seiner Begegnung und der frohen Kunde. Die Freude, die aus ihm strahlte, ergriff auch die andern. Sie vergaßen die alltägliche Plage und Not, sie begannen zu singen und zu tanzen.

«Da, nimm diese Flöte», sprachen sie zum Abschied. «Das Spiel soll dich und jeden, dem du begegnest, und das Herz des Kindes erfreuen. Erzähl ihm von uns, und trage unsere Hoffnungen zu ihm.»

Sein Weg führte ihn an einem abgelegenen Haus vorbei.
Ein alter Mann stand dort und spaltete Holz. Jorim half ihm,
und schon bald hatten sie einen Vorrat, der bis weit in den
Frühling reichen würde.

Auch diesem Mann erzählte er, wohin ihn der Weg führe und welche Hoffnungen er mit sich trage. «Der Winter ist kalt und der Weg sehr weit», sagte der Alte. «Nimm diese wollene Decke mit, wärme dich und das Kind, und erzähle ihm auch von mir.»

Jorim zog weiter, immer dem Stern nach. Da traf er ein kleines Mädchen. Es hatte sich verirrt und weinte. Jorim tröstete es mit seinem Flötenspiel und half ihm, das Elternhaus zu finden.

Glücklich schloß die Mutter ihr Kind in die Arme. Wieder erzählte Jorim von den drei Sterndeutern und dem neugeborenen Kind, das allen Menschen helfen wird. Da gab sie ihm einen Laib frischgebackenes Früchtebrot. «Nimm von dem Brot und bringe davon auch dem Kind. Sag ihm, daß wir es erwarten», und sie verabschiedeten sich herzlich.

Immer heller leuchtete der Stern, und doch kamen Jorim auf seinem langen Weg manchmal Zweifel. Nicht alle glaubten ihm, oft wurde er sogar ausgelacht.
Wenn sich nun die Sterndeuter geirrt hätten? Was sollte er dann auf dem Weg zurück sagen, wie den enttäuschten Leuten begegnen?

Endlich sah er eine armselige Hütte. Der Stern stand über ihr, und sie erstrahlte in einem wunderbaren Licht. Große Freude erfüllte sein Herz.

*Zuerst erkannte er die drei Sterndeuter. Neben ihnen waren
Hirten, ein Mann und eine Frau, die ein Kind in ihren Armen hielt.
Er legte die wollene Decke um die Frau und das Kind, um sie
vor der Kälte zu schützen.
Dann nahm er das Früchtebrot und verteilte es.
Auf der Flöte spielte er eine Melodie, die vom Elend der Menschen,
von ihrer Not, ihrer Einsamkeit erzählte, die aber auch voll war
von ihren Hoffnungen.
Alle verstanden ihn.*

*Der Weg zurück erschien ihm leicht, und er spielte so schön
wie nie zuvor.*

© 1984 by bohem press – Zürich,
Recklinghausen, Wien, Paris
Alle Rechte vorbehalten
Satz: Oberli Photosatz AG – Zürich
Photolitho: Eurocrom 4 – Treviso
Druck: Grafiche AZ – Verona
ISBN 3-85581-168-7